Fotos del campo

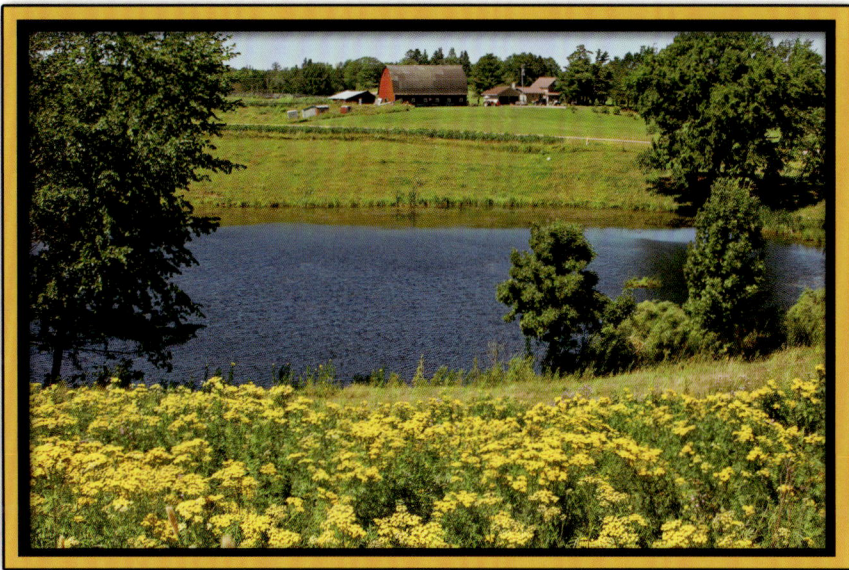

Bruce Larkin

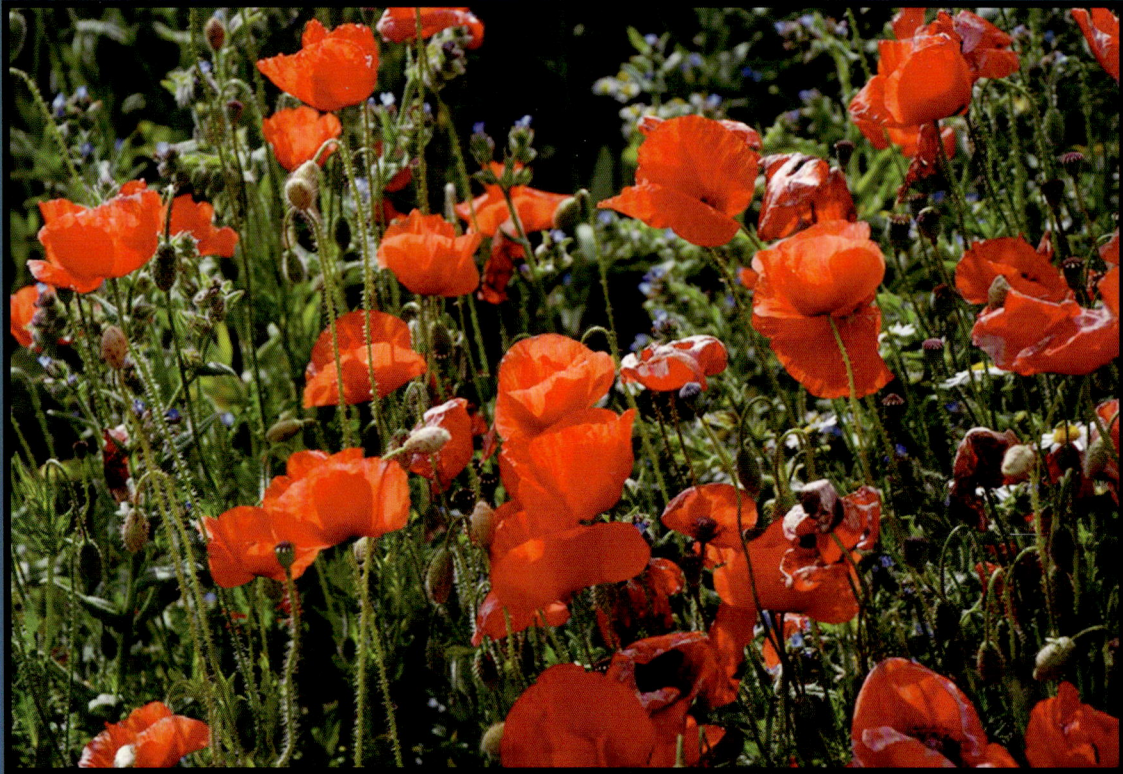

Hay flores en el campo.

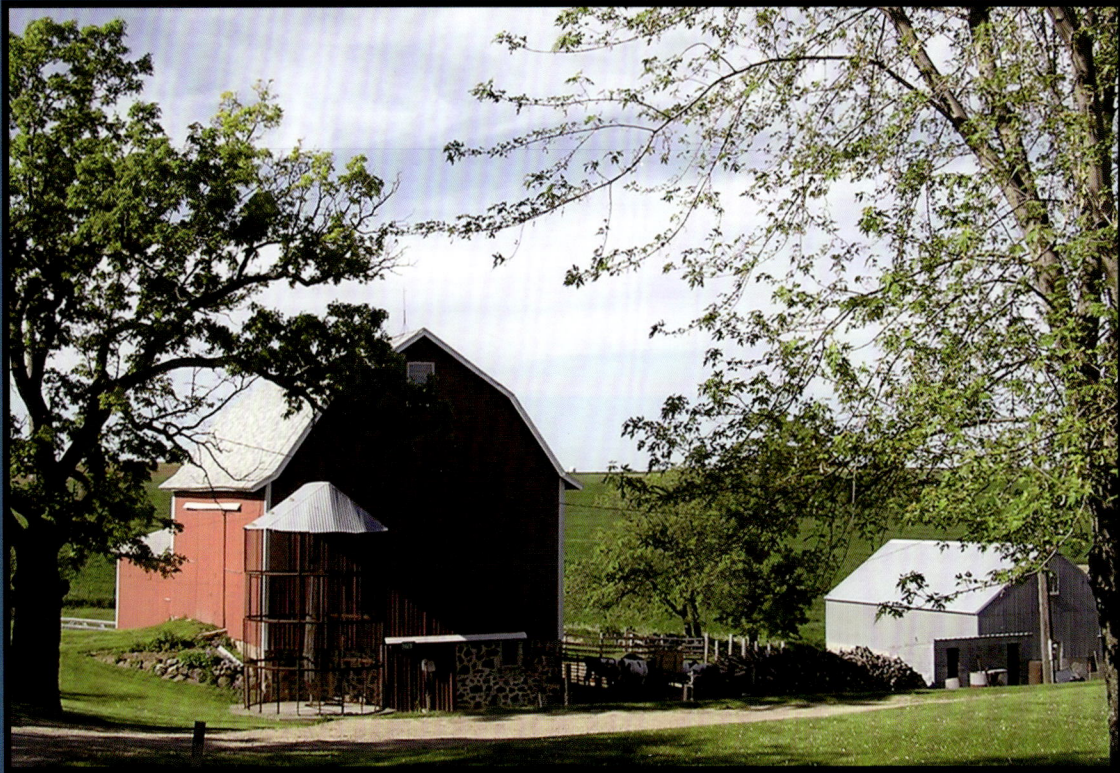

Hay granjas en el campo.

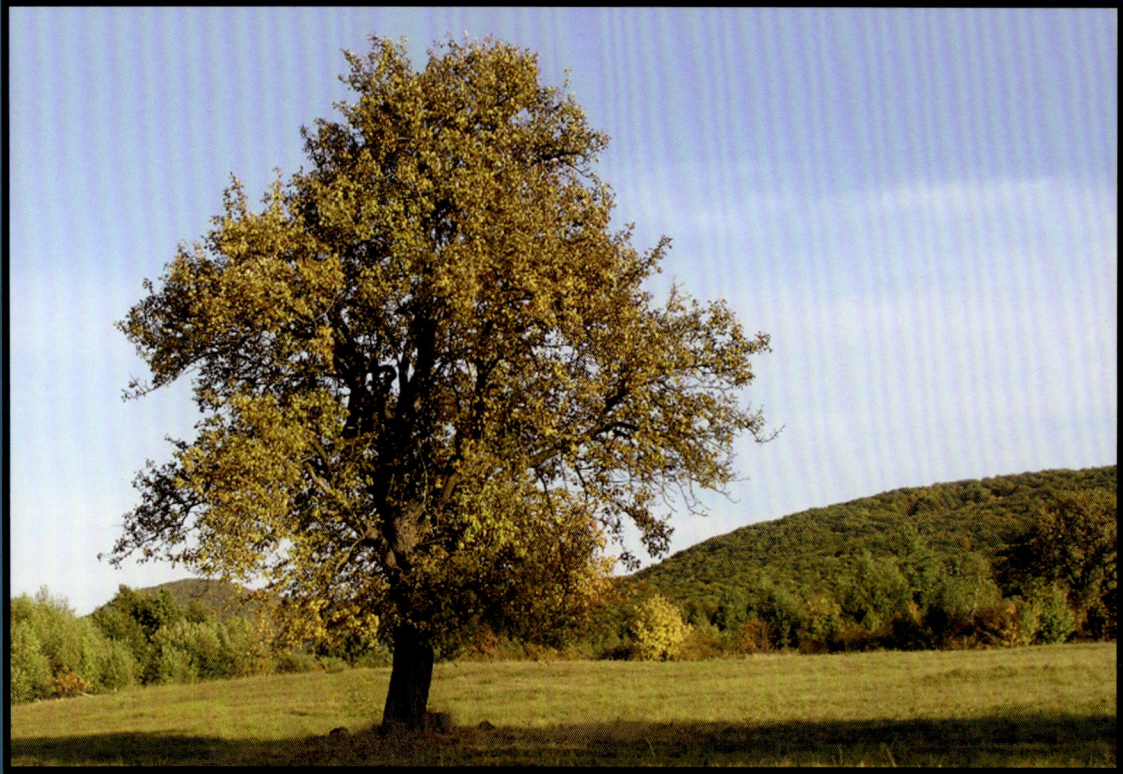

Hay árboles en el campo.

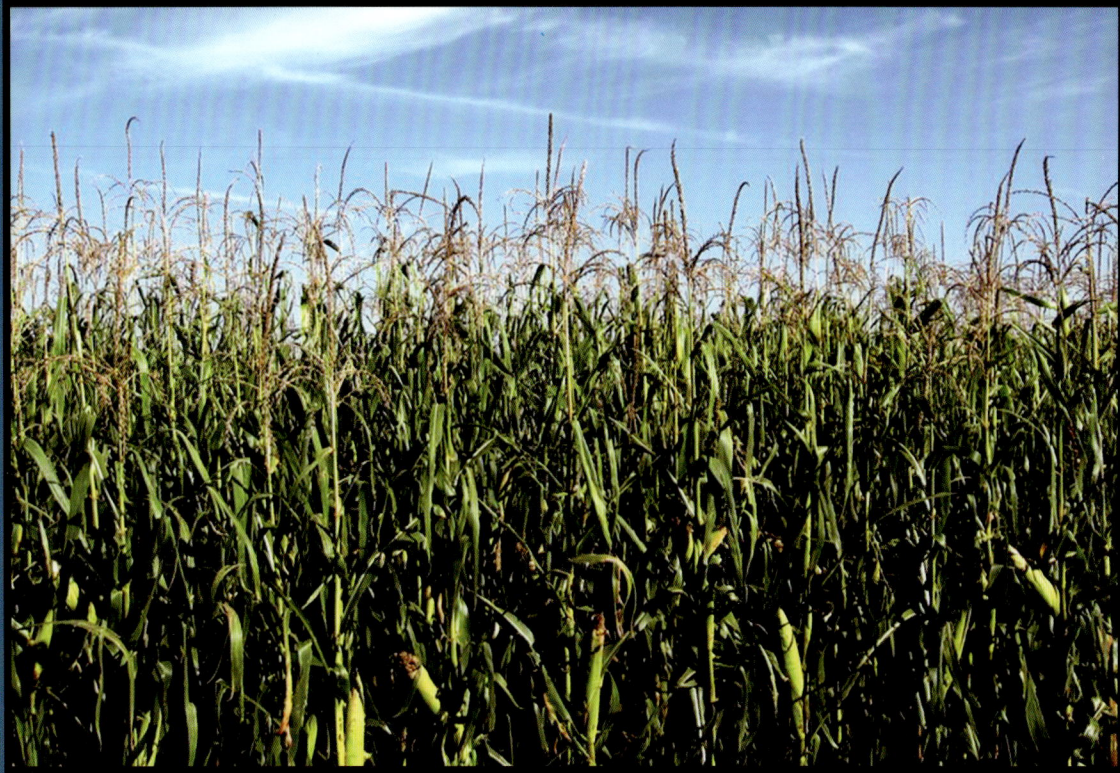

Hay maizales en el campo.

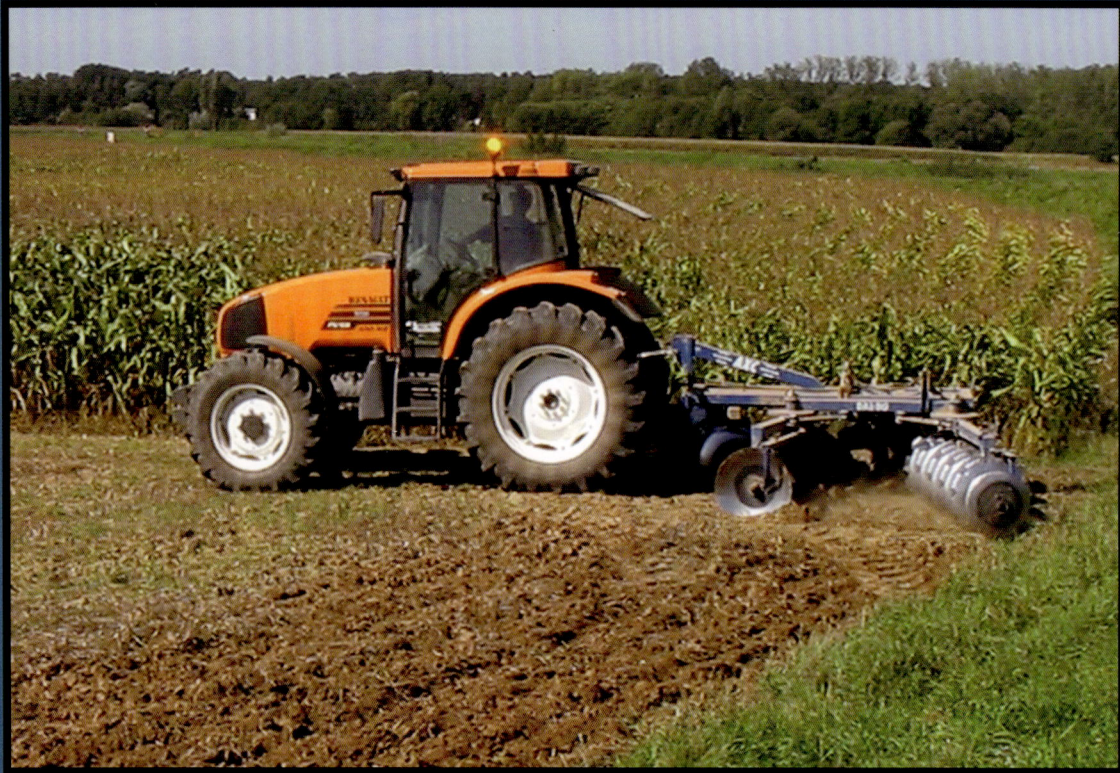

Hay tractores en el campo.

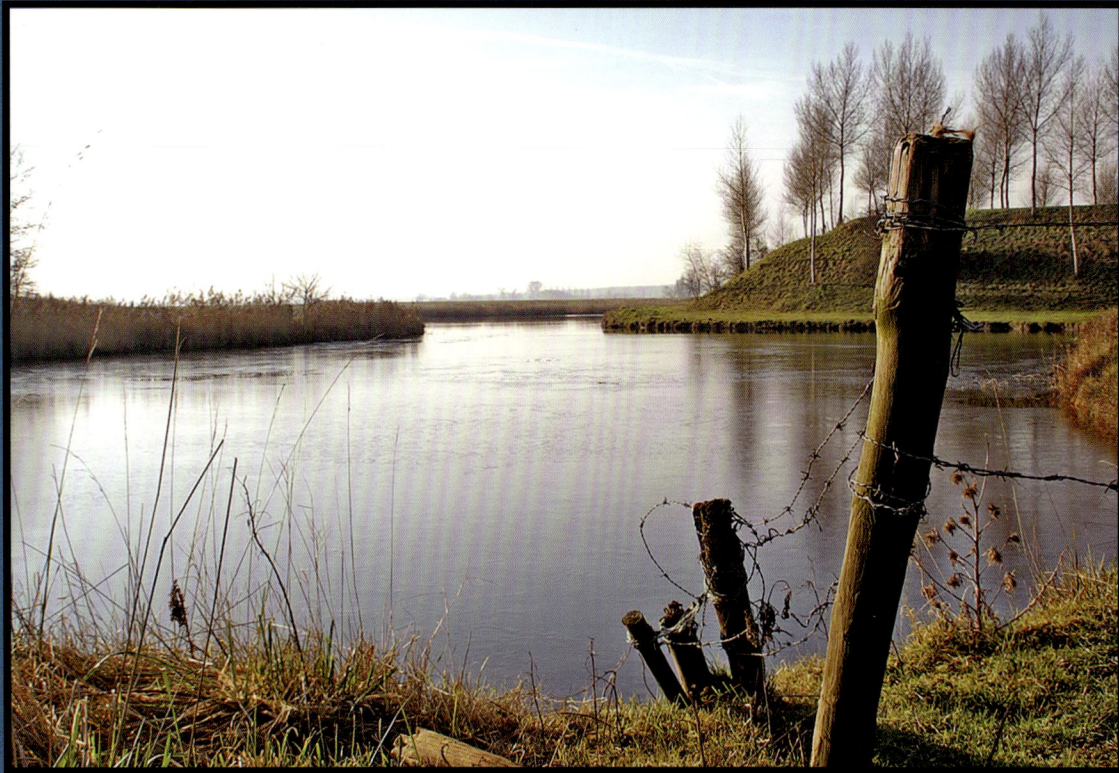

Hay estanques en el campo.

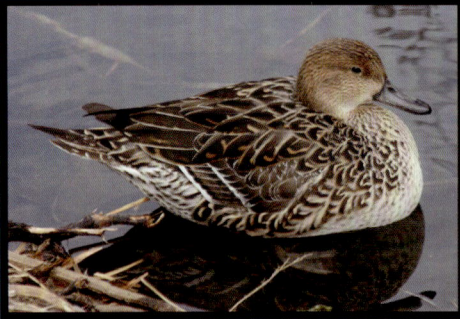

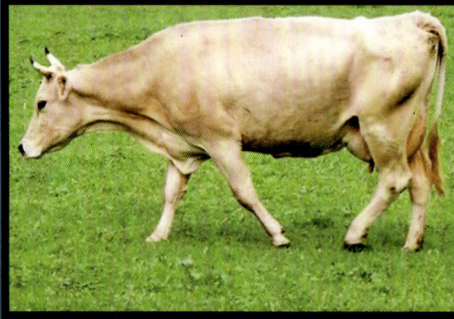

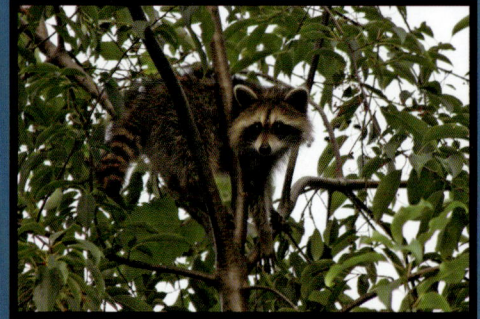

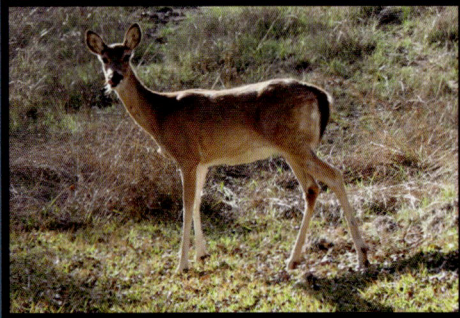

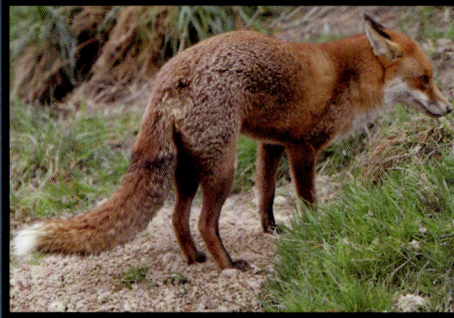

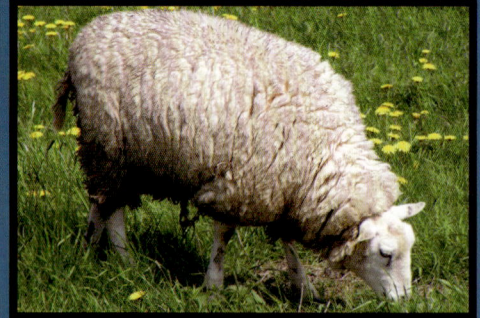

Hay muchos animales en el campo.